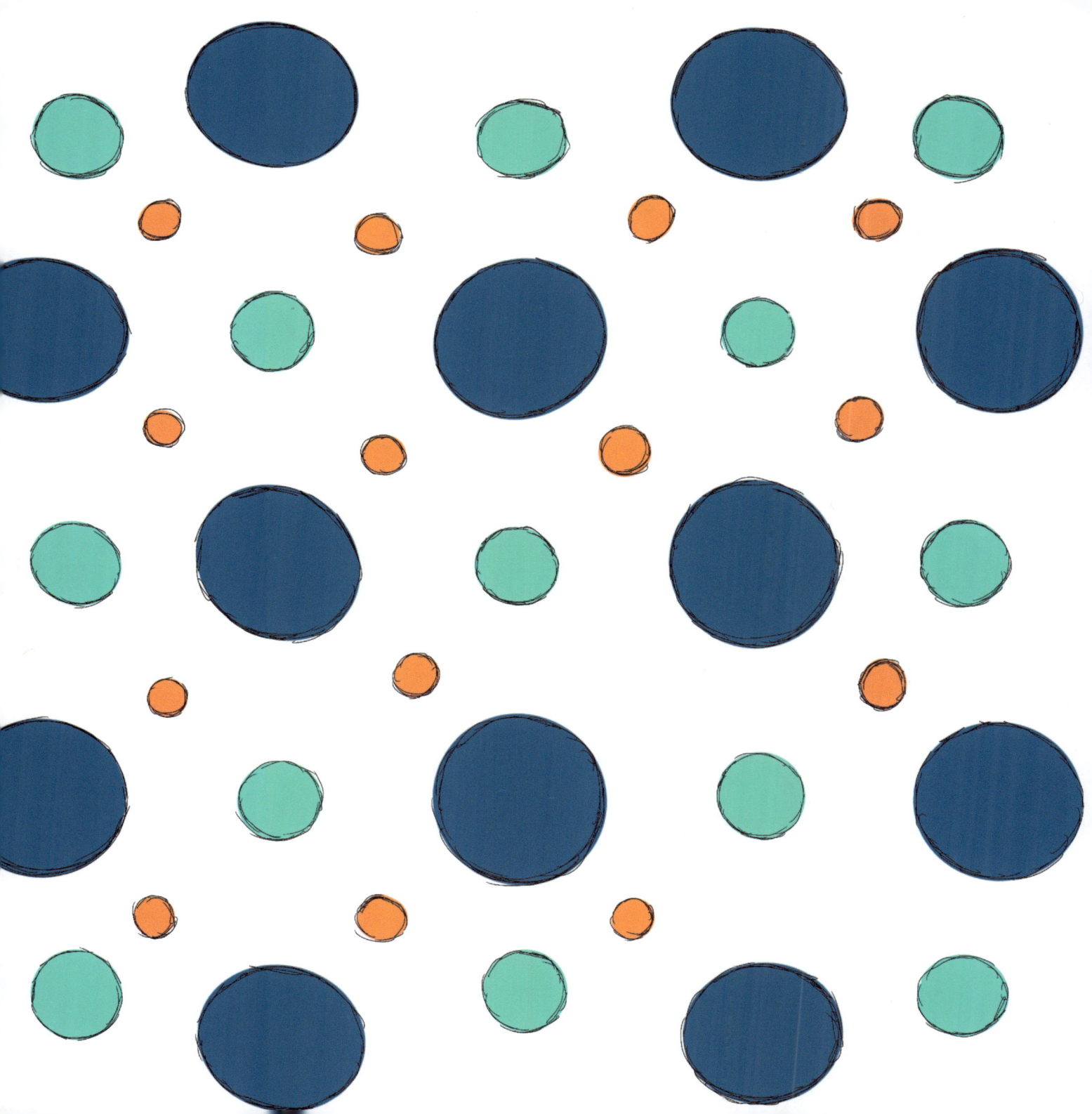

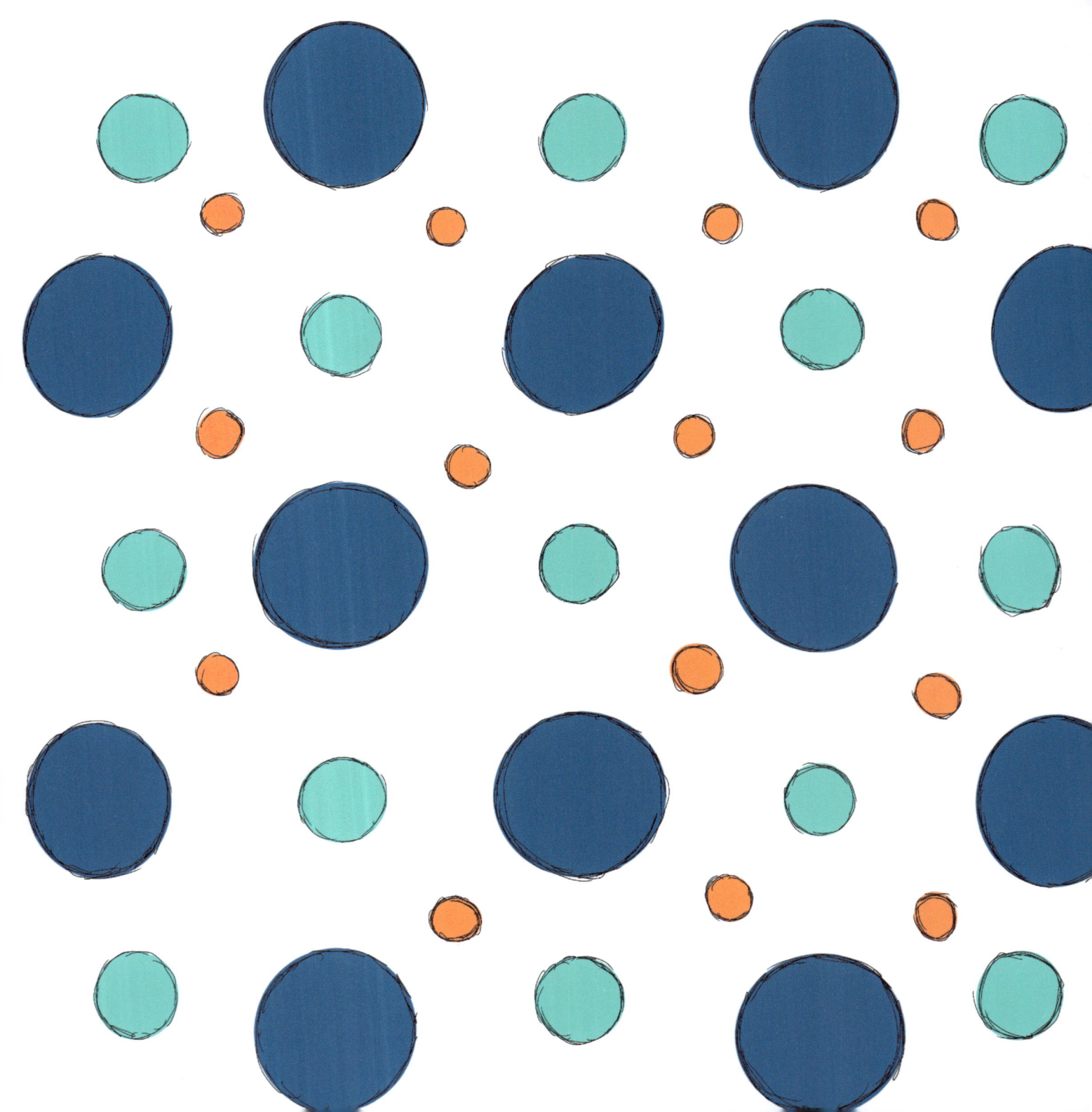

Este libro está dedicado a mi dulce esposo y a mis hijos maravillosos. Gracias por motivarme a través de mis propias dudas y por amarme durante los tiempos en que mi propio monstruo de ansiedad se vuelve demasiado grande y salvaje.
Un gran agradecimiento a mis pequeños artistas ayudantes por sus diseños de monstruos: Jack edad 7, Alex edad 11 y Jane edad 7.

INSPIRE JOY PUBLISHING, LLC
COPYRIGHT DEL TEXTO E ILLUSTRACIONES © 2020 POR MELANIE HAWKINS
PRIMERA EDICIÓN Kaysville, UT
TODOS LOS DERECHOS RESERVADOS. NINGUNA PARTE DE ESTA PUBLICACIÓN, NI SUS PERSONAJES, PODRÁ SER REPRODUCIDA O DISTRIBUIDA DE NINGUNA FORMA NI POR NINGÚN MEDIO SIN PERMISO PREVIO POR ESCRITO DE LA AUTORA O DE LA EDITORIAL.

Edición de tapa blanda: 978-1-953989-15-4
Edición de tapa dura: 978-1-953989-16-1
Número de control de la Biblioteca del Congreso: 2021920637

Escrito e ilustrado por Melanie Hawkins
Traducido por Natalia Sepúlveda

Inspire Joy Publishing puede proporcionar descuentos especiales cuando se compra en volúmenes más grandes para las primas y fines promocionales, así como para la recaudación de fondos y uso educativo.

Comuníquese vía: melaniehawkinsauthor@gmail.com
Instagram.com/inspirejoypublishing
www.melaniehawkinsauthor.com

Mi Monstruo de Ansiedad

¡Soy más fuerte que mi ansiedad!
¡Estoy en control! ¡Puedo hacer un plan!
¡Puedo hablar con alguien que entiende!
¡Sé cómo hacer cosas difíciles! ¡Puedo superar esto!
¡Mi ansiedad es sólo una pequeña parte de lo que soy!
¡Mi ansiedad no me define!

Por: _____

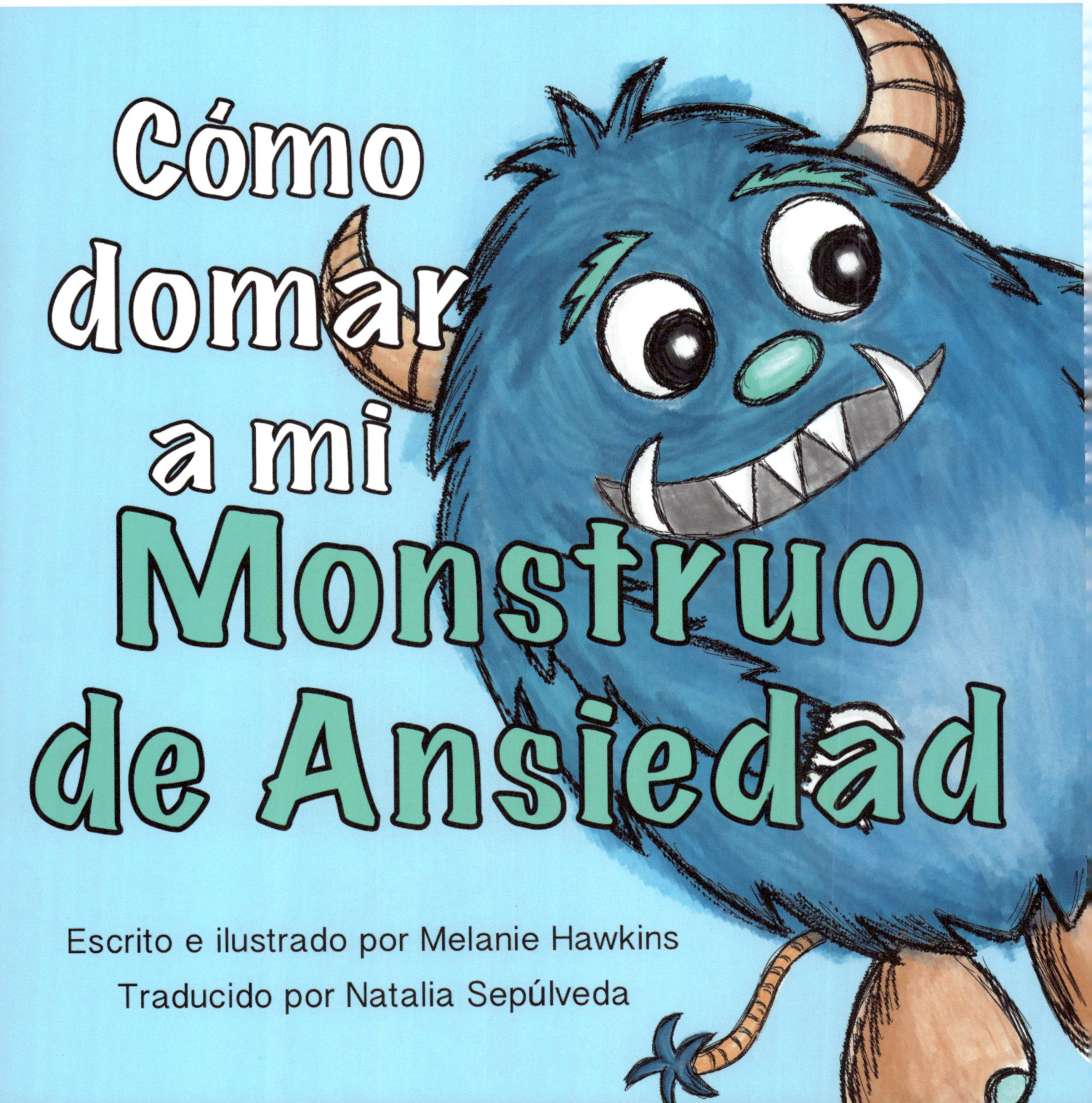

¿Quieres saber un secreto?

Hay un monstruo que le gusta visitarme, que sólo yo puedo ver.

A veces parece grande y aterrador.

A veces le gusta visitarme cuando estoy asustado, o preocupado, o a veces cuando estoy feliz o simplemente jugando.

A veces parece grande y aterrador. A veces me hace sentir cansado y es difícil concentrarme.

A veces es difícil dormir.

Me siento inquieto cuando él está cerca y a menudo me siento enojado.

A veces mi corazón late muy rápido y puedo empezar a temblar, a sudar o me puede doler la barriga.

También me puedo sentir mareado o como si no pudiera respirar.

No me gusta para nada.

Decidí hablar con mis padres al respecto. Pensé que no me creerían.

¡Pero sí me creyeron!

Mami también tiene un monstruo que la visita. Su monstruo es como el mío.

Me contó algunas cosas sobre su monstruo. Nuestros monstruos son muy similares.

Realmente es un buen monstruo. Quiere ser útil, pero es grande y se emociona fácilmente.

Él no siempre sabe cómo comportarse, al igual que un nuevo cachorrito. Sólo tengo que aprender a entrenarlo.

Cuando hablo de mi monstruo con alguien que entiende, se siente bien.

Hay algunos trucos que puedo enseñarle para que aprenda a comportarse.

¿Quieres saber el nombre de mi monstruo?
Su nombre es Ansiedad.
El darle un nombre hace que no sea tan aterrador.
Es como nombrar una nueva mascota.

Cuando aprendo más sobre él me ayuda a entenderlo y saber la razón por qué le gusta visitarme tanto.

Soy valiente y fuerte, y puedo entrenarlo incluso cuando puede parecer grande o da miedo.

¡Me siento valiente!

Estas son algunas cosas que puedo hacer para entrenar a mi monstruo.

Cuando salgo a jugar, dar un paseo, o a hacer ejercicio me dan refuerzos especiales llamados endorfinas. Estas lo hacen un monstruo feliz, lo cual es útil para ayudarme con deportes u otras actividades.

Cuando hago yoga, respiro profundamente y despejo mi mente de las preocupaciones lo ayudan a encogerse.

¡Eso es genial!

Cuando hago arte, me calma y me ayuda a darme cuenta de que no es tan grande y no da tanto miedo... ¡No creo que se vea tan aterrador ahora!

El tener un plan me ayuda a mantener el control cuando mi monstruo se vuelve demasiado grande y salvaje.

A él le gusta ser servicial, pero a veces se vuelve demasiado grande y salvaje. No siempre sabe cómo comportarse.

El planear qué hacer si se porta mal me ayuda a domarlo.

Es útil saber que mucha gente tiene un monstruo de ansiedad que le gusta visitarlos también...

A mi tía, a mi vecino y a mi amiga.

El recordar mis cinco sentidos ayuda a mantenerme en control cuando realmente me está molestando.

Miro algo que me hace feliz.

Puedo oler algo agradable.

Puedo tocar algo que tiene textura.

Puedo escuchar algo que me hace sentir tranquilo.

Puedo saborear algo delicioso.

Todos estos trucos me distraen de mi monstruo y pueden calmarlo.

Hay médicos o consejeros especiales que pueden ayudarme si necesito un poco de ayuda extra para aprender a entrenarlo.

A mi monstruo le gusta visitarme porque tengo un corazón muy grande, amable y cariñoso que siente emociones muy profundas...

¡y eso es algo bueno!

¡Él realmente quiere que sienta todos mis sentimientos especiales

sin tener miedo!

¡A! él le encanta hacer cosas divertidas conmigo que dan un poco de miedo como ir a dar un paseo en una

MONTAÑA RUSA!

Soy más fuerte que mi monstruo. Incluso con él a mi lado, todavía puedo hacer todas las cosas que necesito hacer.

Ya no creo que sea un problema.

Pero si lo es, ¡sé cómo domar a mi monstruo de ansiedad!

FIN

Temas de conversación para padres, maestros y ayudantes:

¿Qué es la ansiedad?

La ansiedad es la forma natural del cuerpo y la mente de lidiar con el miedo o la preocupación. Puede irritar y enojar a los niños, e incluso puede causar problemas para dormir. También puede causar síntomas físicos como dolores de cabeza, fatiga o dolor de estómago. A veces, los niños con ansiedad pueden mantenerla oculta, haciendo que los síntomas pasen desapercibidos fácilmente. Es importante hablar con un profesional si sospecha ansiedad en usted o en su hijo.

¿Cuáles son los signos de ansiedad en los niños?

La ansiedad puede hacer que te sientas asustado, con pánico o avergonzado. Algunas de las señales para tener en cuenta son:

* Dificultad de concentración
* Inquietud o despertar en la noche con pesadillas
* No comer adecuadamente
* Sentirse enojado o irritable, o tener arrebatos y sentirse fuera de control a menudo.
* Preocupación excesiva, especialmente sobre cosas que no puedes controlar
* Sensación de tensión y nerviosismo, rascando la piel, mordiéndose las uñas y jalarse el cabello
* Llanto excesivo o tristeza
* Ser pegajoso todo el tiempo cuando otros niños parecen estar bien
* Quejarse de dolores de estómago y no sentirse bien

Puede que ni siquiera reconozcas por qué te sientes de esta manera. La ansiedad puede ser diferente dependiendo de la edad o situación. Los niños más pequeños pueden tener ansiedad por separación, donde los niños mayores tienden a preocuparse más por los exámenes, amigos, pruebas, etc. Si sospecha de ansiedad es importante hablar siempre con un médico para obtener un diagnóstico.

Herramientas que pueden ayudar:

1. Aprenda sobre su ansiedad, qué es y qué la desencadena para usted. (Esto puede cambiar con el tiempo o con diferentes situaciones).
2. Hacer ejercicio regularmente. Hacer ejercicio aeróbico regular ha demostrado disminuir la tensión, estabilizar el estado de ánimo y ayudarle a dormir mejor.
3. Intente la meditación. Puede ayudar a calmar su cerebro y enseñarle cómo apagar el ciclo constante de la preocupación.
4. El arte o tener otra salida creativa puede ayudarle a sentir una sensación de calma a medida que se vuelve más consciente de sí mismo y puede darle una liberación emocional muy necesaria.
5. Tener un plan en marcha puede ayudar a aliviar la ansiedad de lo desconocido, pero también puede ayudar a estar preparado para desencadenar conocidos que inducen ansiedad.
6. Hablar de su ansiedad es útil. Haz que los sentimientos sean escuchados y validados por NO decir cosas como: eso es tonto, o todo está en tu cabeza, o simplemente supéralo, o no te preocupes.
7. Utilice sus cinco sentidos durante un ataque de ansiedad: vista, olfato, tacto, oído y gusto. Esto te puede ayudar a aterrizar con cosas sobre las que tienes control.
8. Siempre comuníquese con un médico, consejero, terapeuta o psicólogo que pueda darle orientación y ayudarle a elaborar un plan de tratamiento si es necesario.

Presentaciones por pequeños artistas:

Conoce la autora e ilustradora:

La autora e ilustradora Melanie Hawkins nació y creció en los Estados Unidos en un pequeño pueblo agrícola encantador en Idaho, pero ha hecho su hogar en el hermoso estado de Utah. Ella y su maravilloso esposo tienen 7 hijos increíbles. Su familia es su mayor fuente de alegría e inspiración. Ella es una maestra de arte elemental y disfruta de acampar, nadar, tomar chocolate negro y noches de cine con su familia. En su tiempo libre se le puede encontrar pintando, cosiendo, escribiendo e ilustrando libros para niños. Ella es una eterna optimista y desea que todos puedan ver el mundo como lo hace con toda su belleza, esperanza y bondad. Este libro fue una verdadera obra de inspiración de corazón para ella. ¡Ella espera ayudar a otros que también luchan con la doma de sus monstruos de ansiedad!

Otros libros por la autora e ilustradora Melanie Hawkins

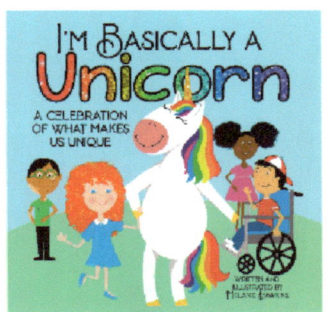

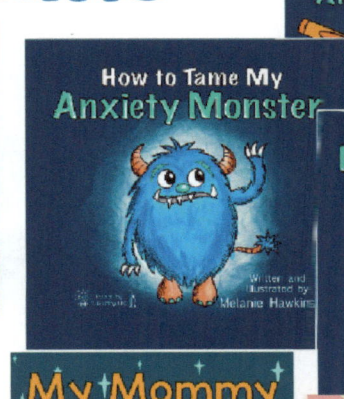
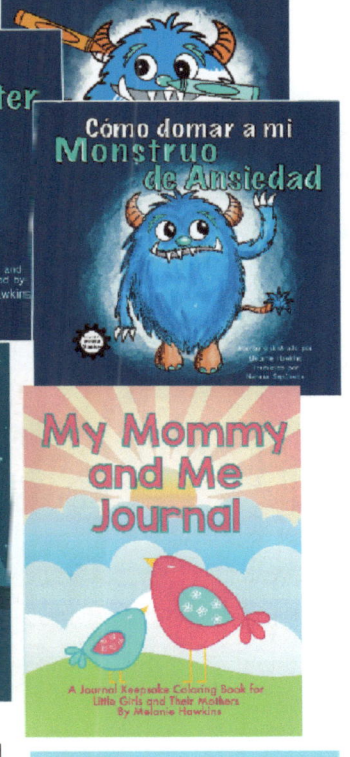
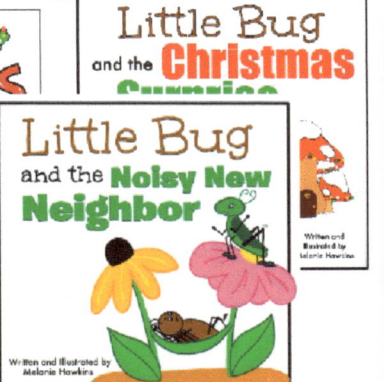
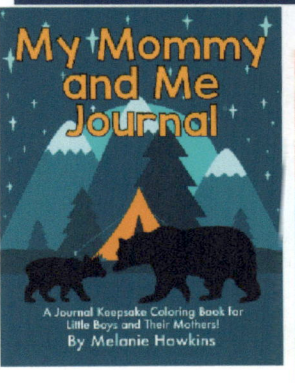
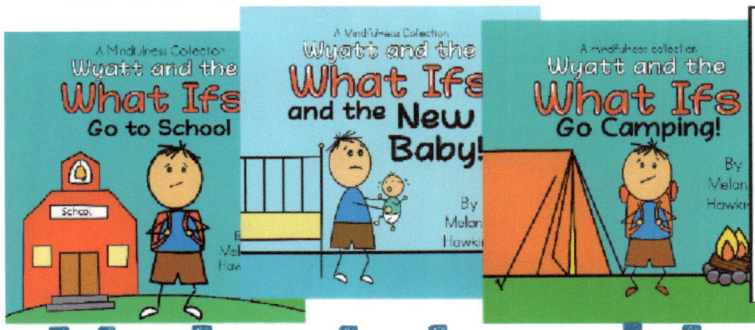
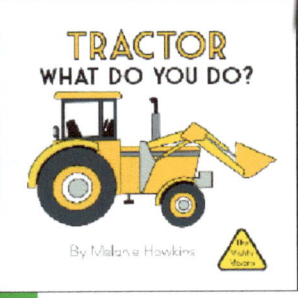

Melaniehawkinsauthor.com
Inspire Joy Publishing, LLC

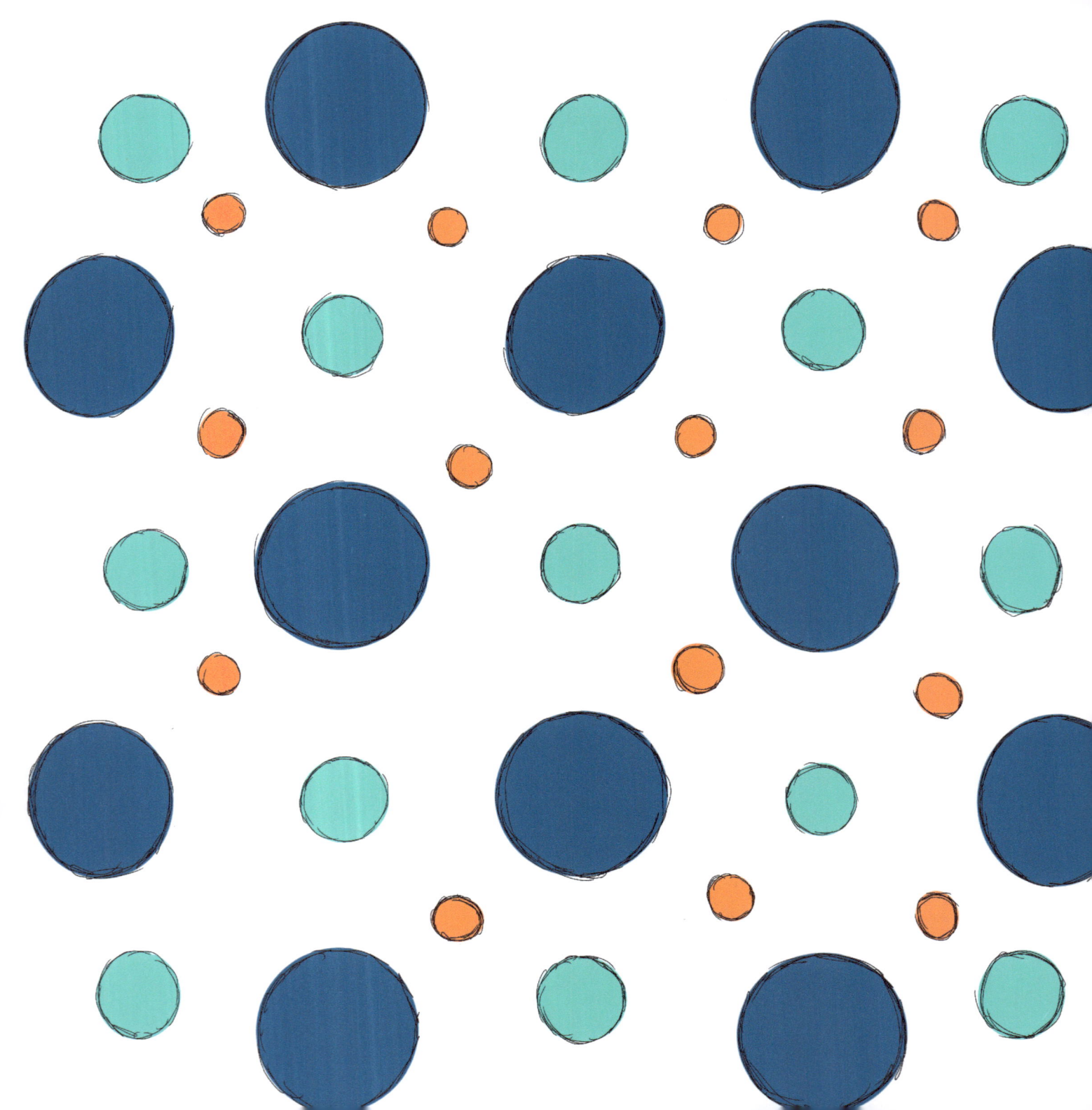

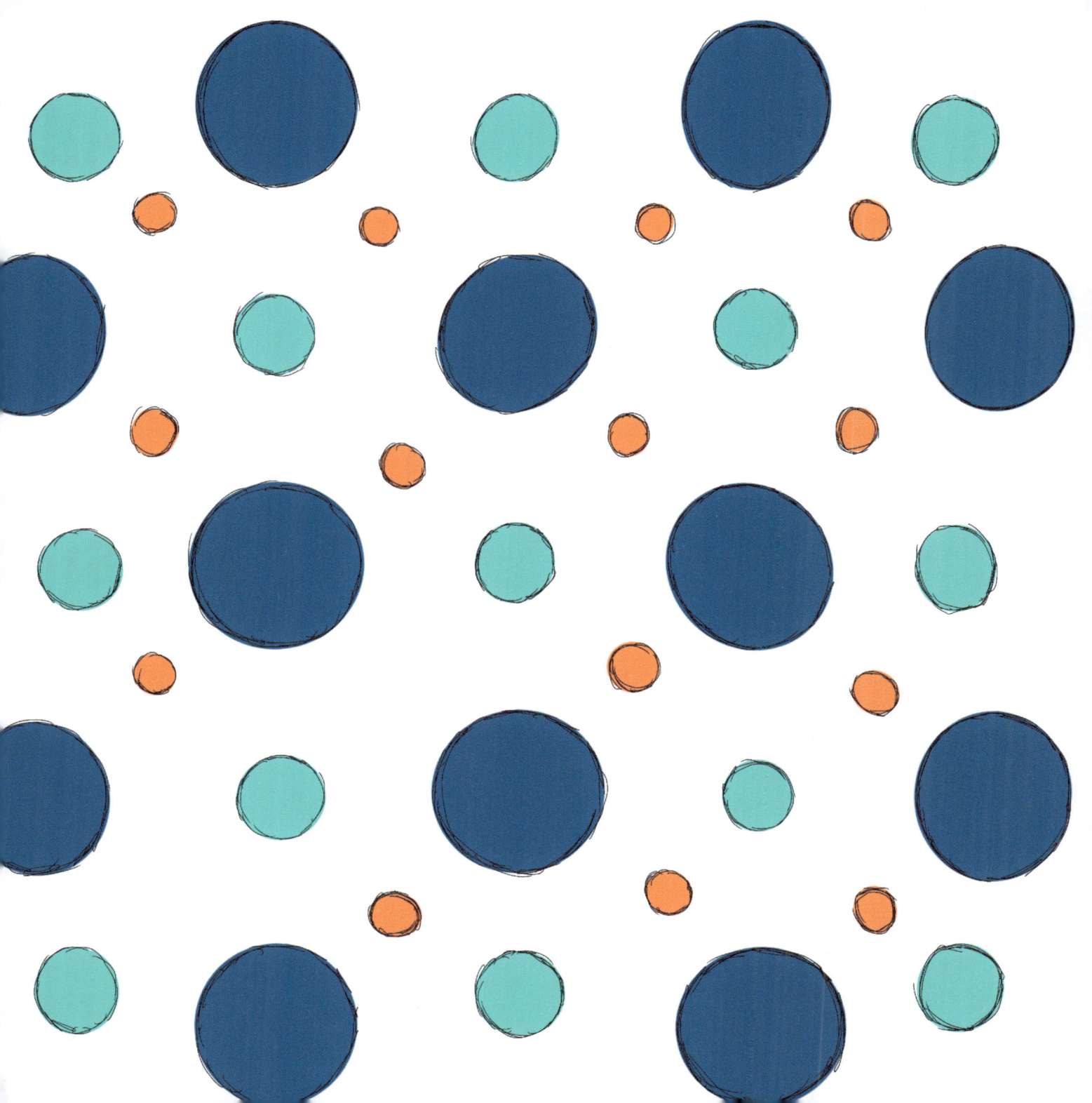